THIS BOOK BELONGS TO:

SCHOOL

CLASS/YEAR

NAME

MESSAGE

NAME

MESSAGE

NAME

MESSAGE

NAME

MESSAGE

NAME

MESSAGE

NAME

MESSAGE

NAME

MESSAGE

NAME

MESSAGE

MEMORIES

NAME

MESSAGE

NAME

MESSAGE

NAME

MESSAGE

NAME

MESSAGE

NAME

MESSAGE

NAME

MESSAGE

NAME

MESSAGE

NAME

MESSAGE

NAME

MESSAGE

MEMORIES

NAME

MESSAGE

NAME

MESSAGE

NAME

MESSAGE

NAME

MESSAGE

NAME

MESSAGE

NAME

MESSAGE

NAME

MESSAGE

NAME

MESSAGE

NAME

MESSAGE

MEMORIES

NAME

MESSAGE

NAME

MESSAGE

NAME

MESSAGE

NAME

MESSAGE

NAME

MESSAGE

NAME

MESSAGE

NAME

MESSAGE

NAME

MESSAGE

NAME

MESSAGE

MEMORIES

NAME

MESSAGE

NAME

MESSAGE

NAME

MESSAGE

NAME

MESSAGE

NAME

MESSAGE

NAME

MESSAGE

NAME

MESSAGE

NAME

MESSAGE

NAME

MESSAGE

MEMORIES

NAME

MESSAGE

NAME

MESSAGE

NAME

MESSAGE

NAME

MESSAGE

NAME

MESSAGE

NAME

MESSAGE

NAME

MESSAGE

NAME

MESSAGE

NAME

MESSAGE

MEMORIES

NAME

MESSAGE

NAME

MESSAGE

NAME

MESSAGE

NAME

MESSAGE

NAME

MESSAGE

NAME

MESSAGE

NAME

MESSAGE

NAME

MESSAGE

NAME

MESSAGE

Printed in Great Britain
by Amazon

006ddfb3-d316-492d-87a6-afccb2053016R01